Eliane Oliveira

Jonas e o Grande Peixe

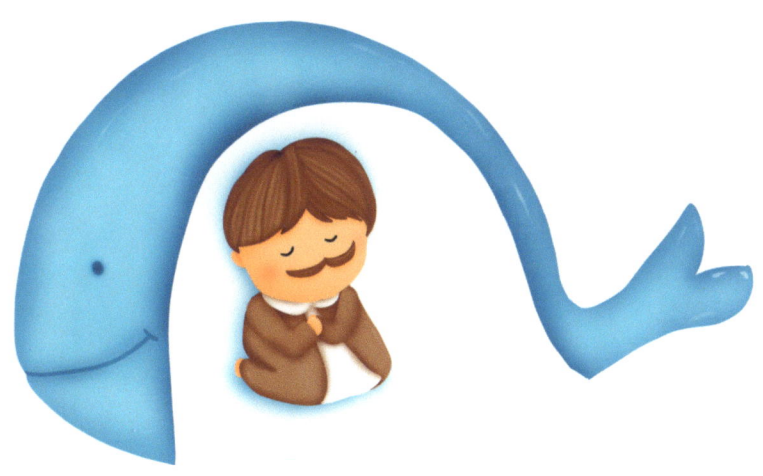

2024

Olá Amiguinhos!

Vamos embarcar em uma aventura com Jonas e o peixe gigante.
Uma história emocionante do cuidado de Deus.
Quando obedecemos agradamos a Deus.

Era uma vez, um mar sem fim.

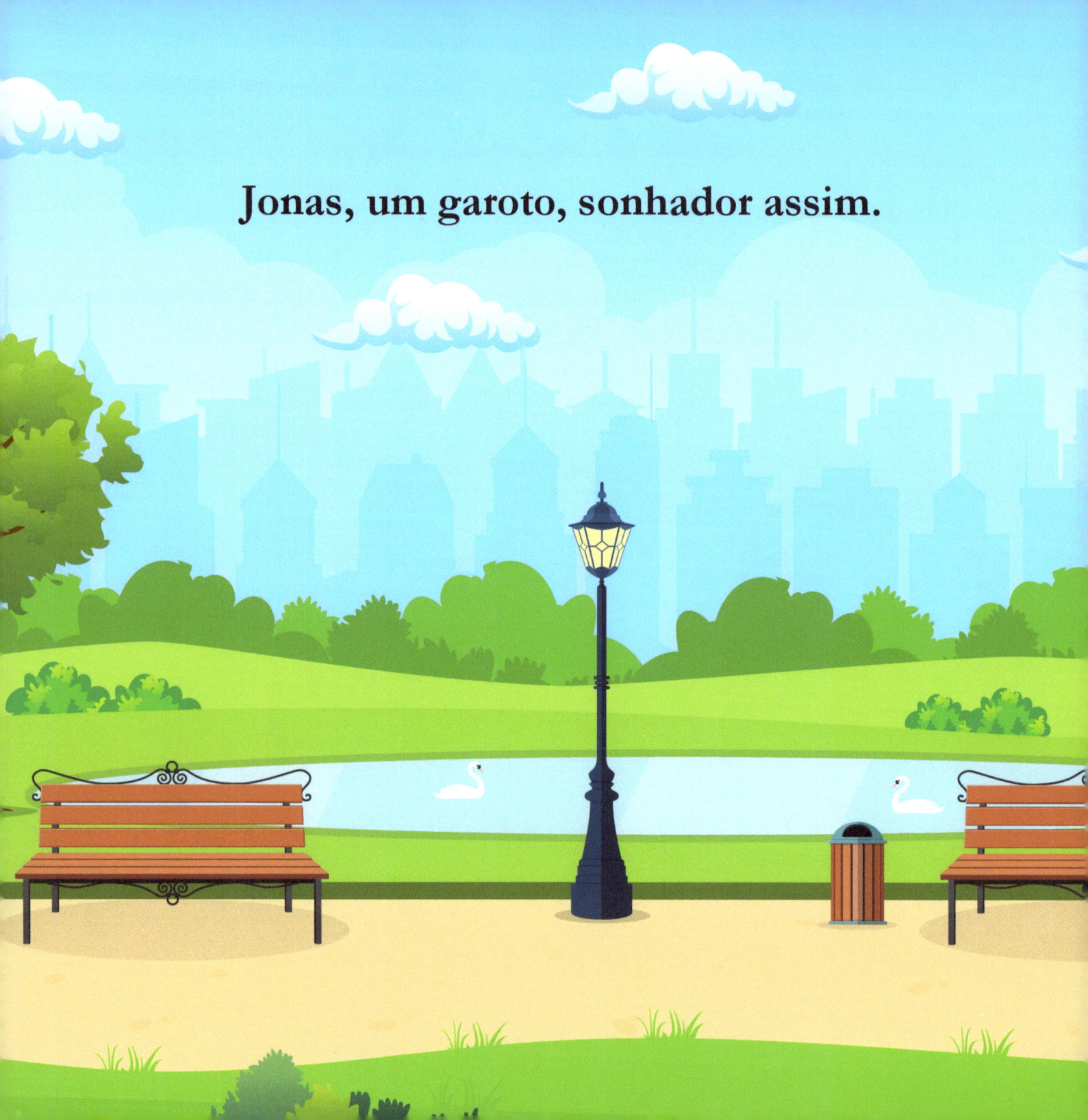
Jonas, um garoto, sonhador assim.

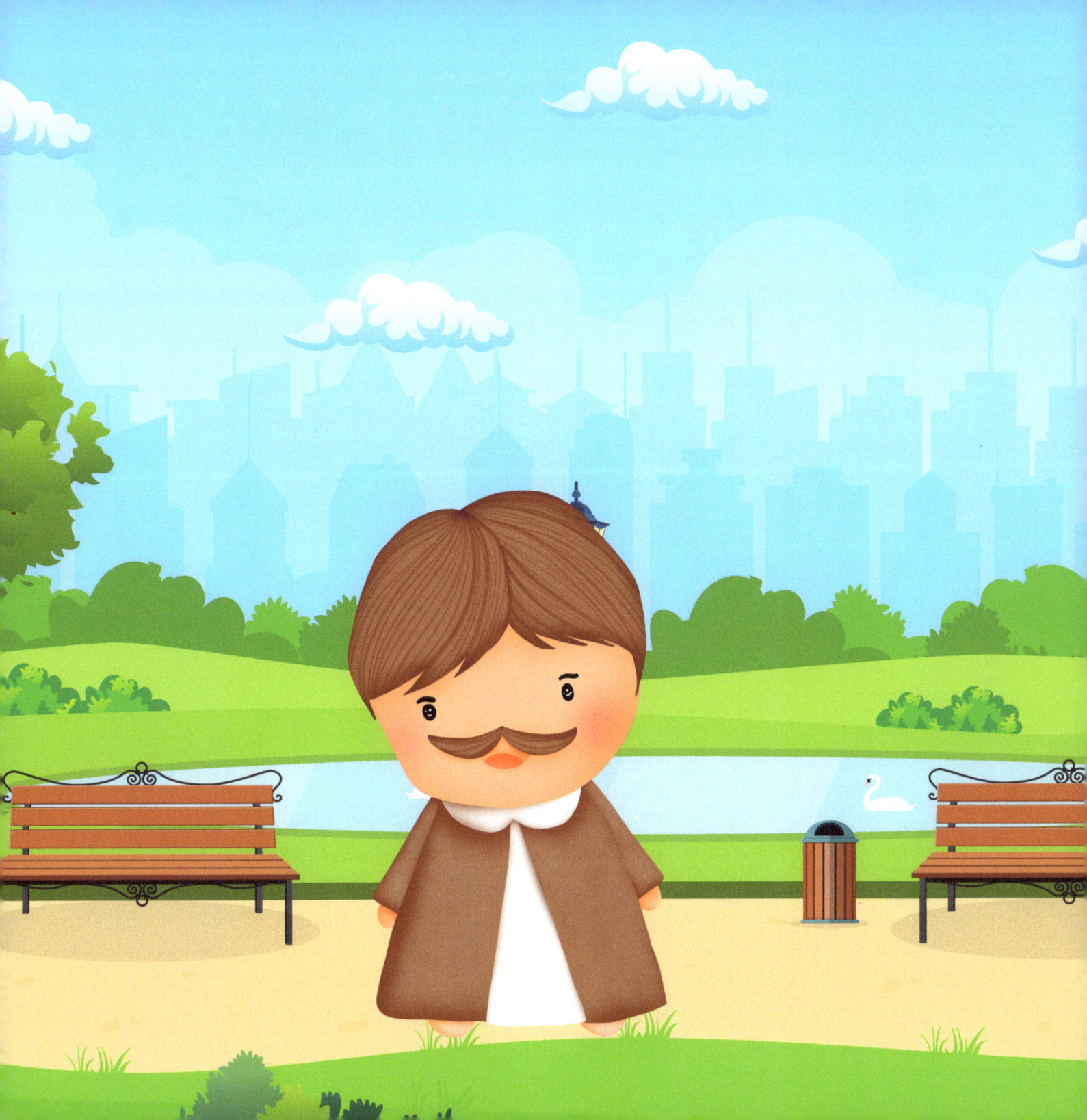

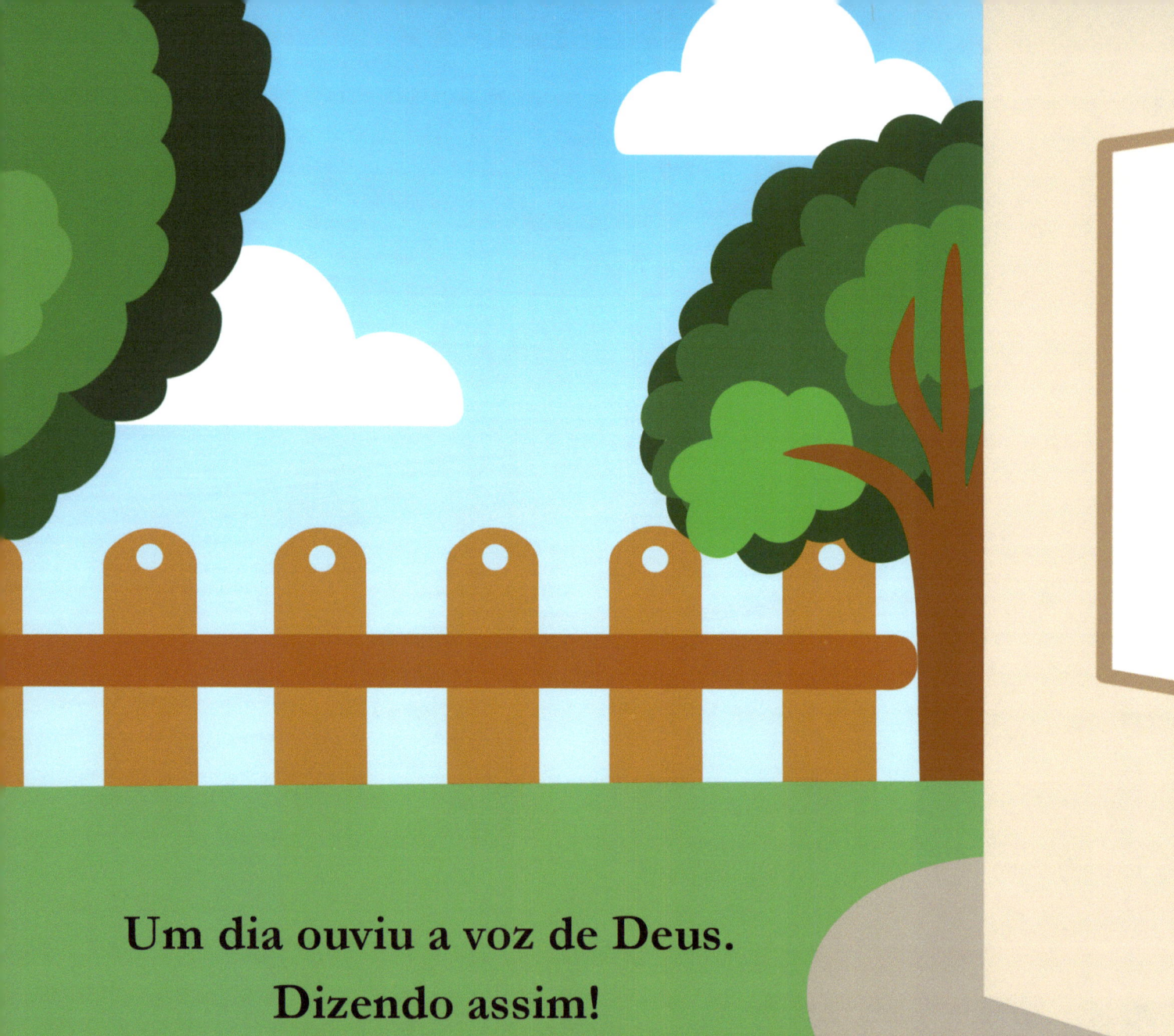

Um dia ouviu a voz de Deus.
Dizendo assim!

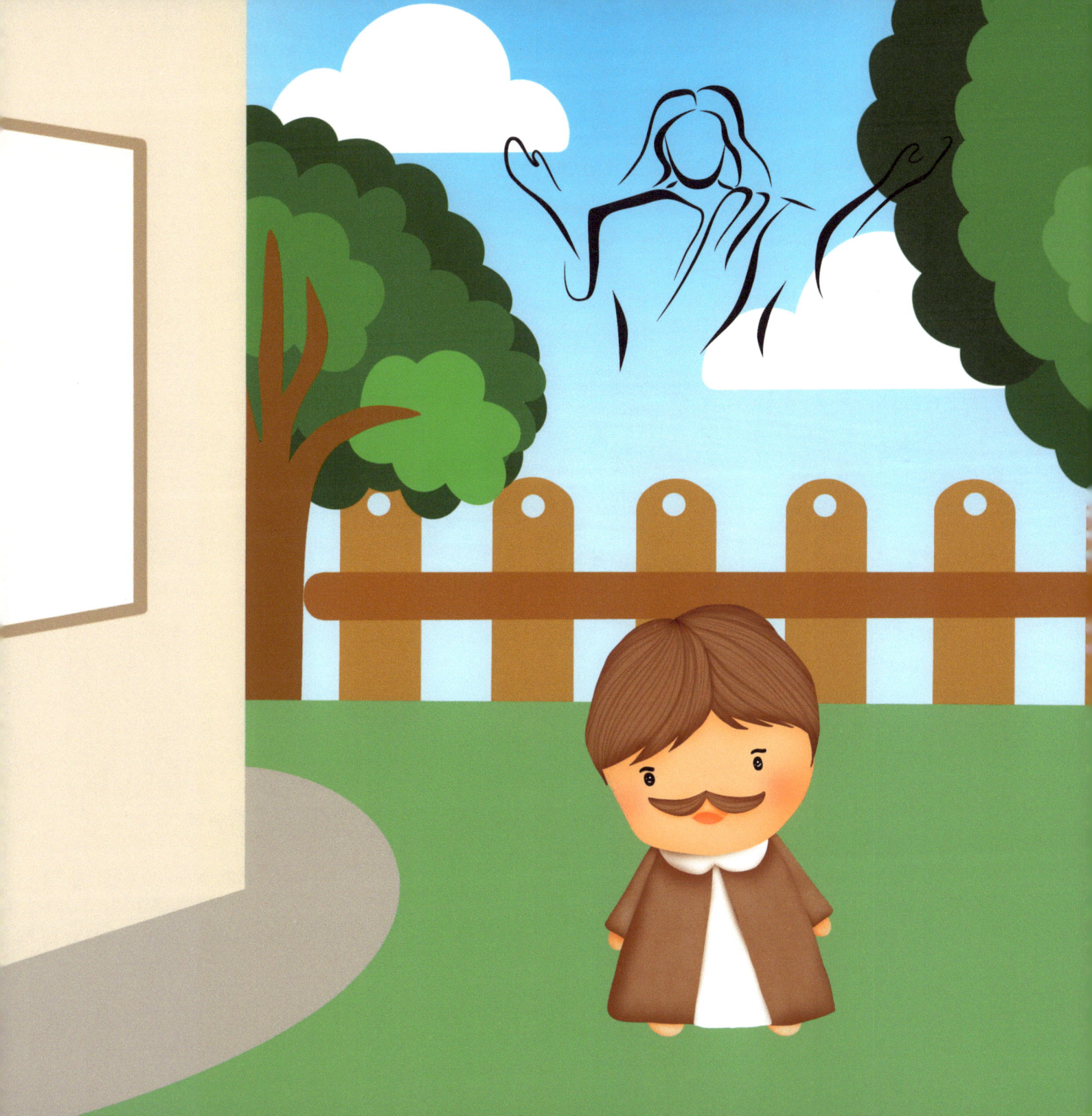

"Vá à Nínive, meu filho, é preciso, é urgente!"

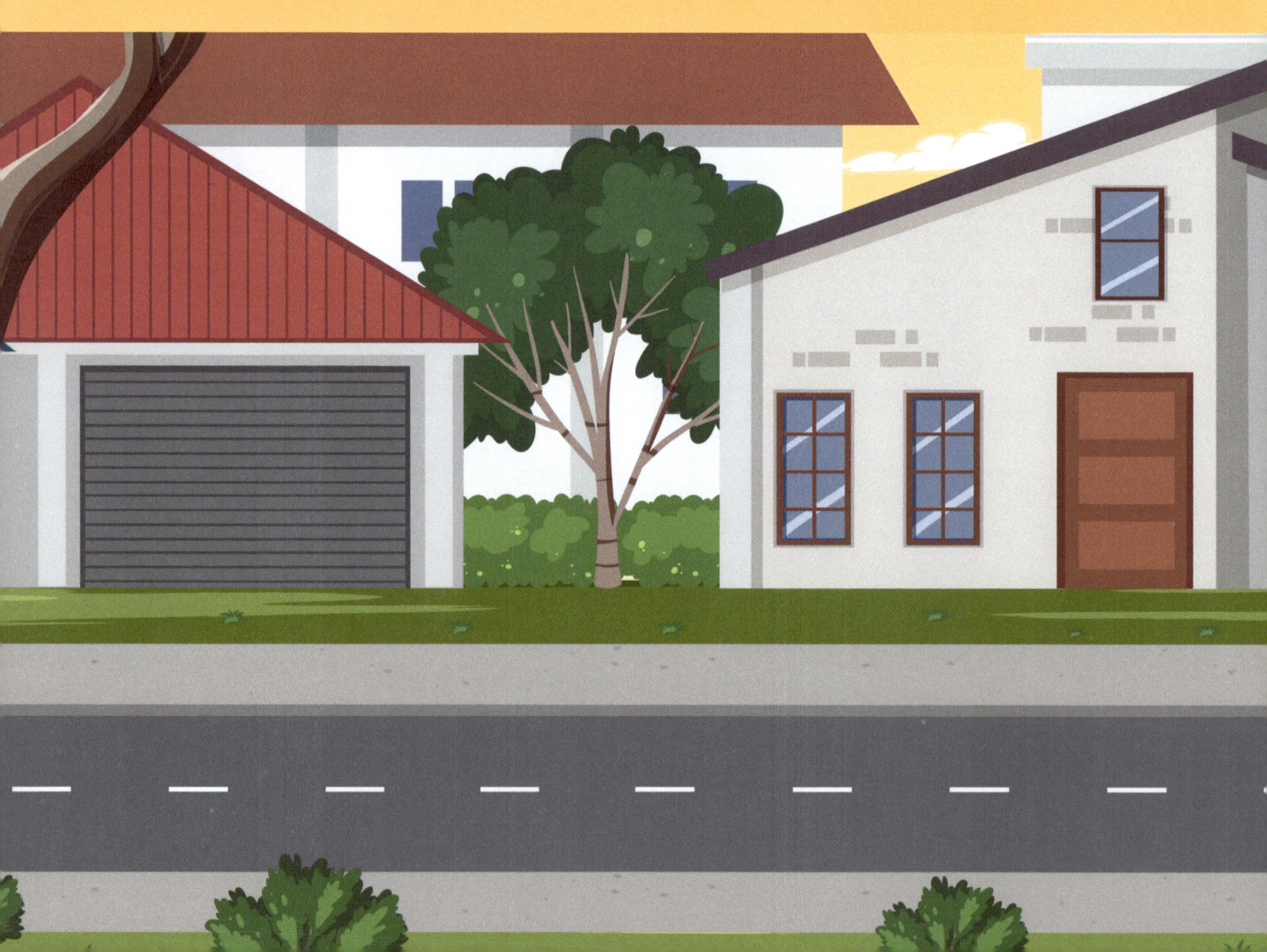

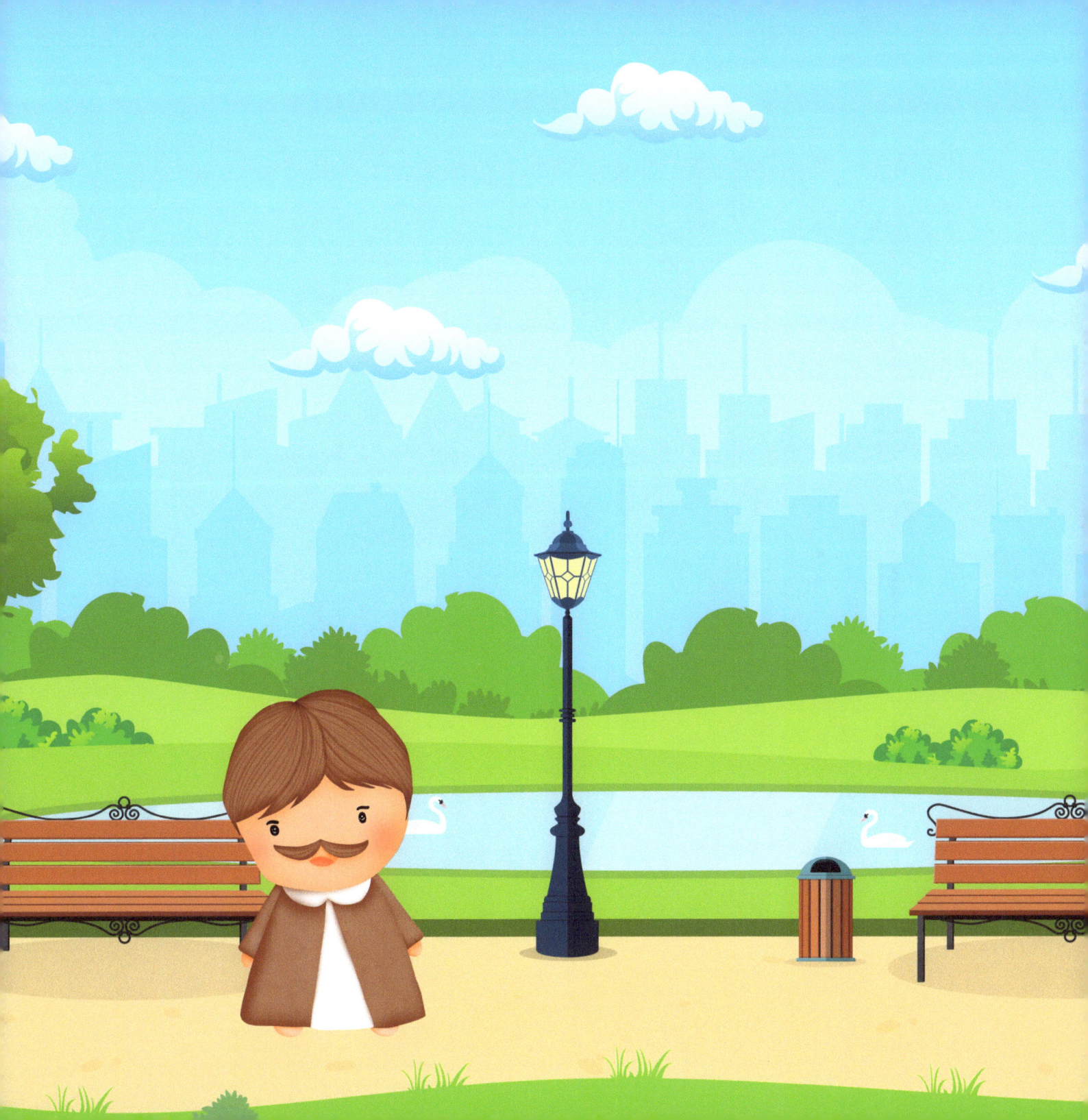

Mas Jonas, assustado, decidiu fugir.
Entrou num barco, pensando em sumir.
Foi para Tarsis uma cidade distante.

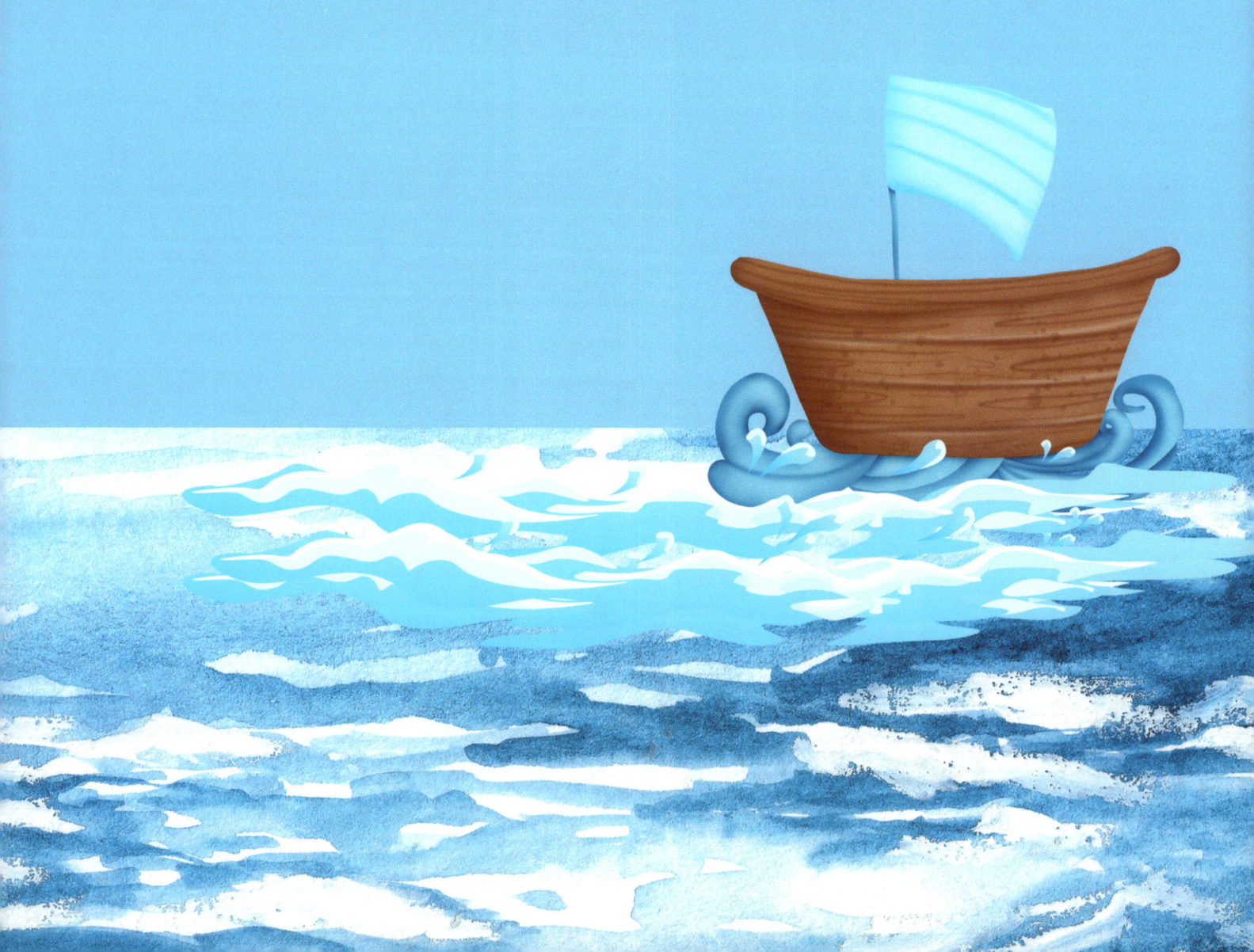

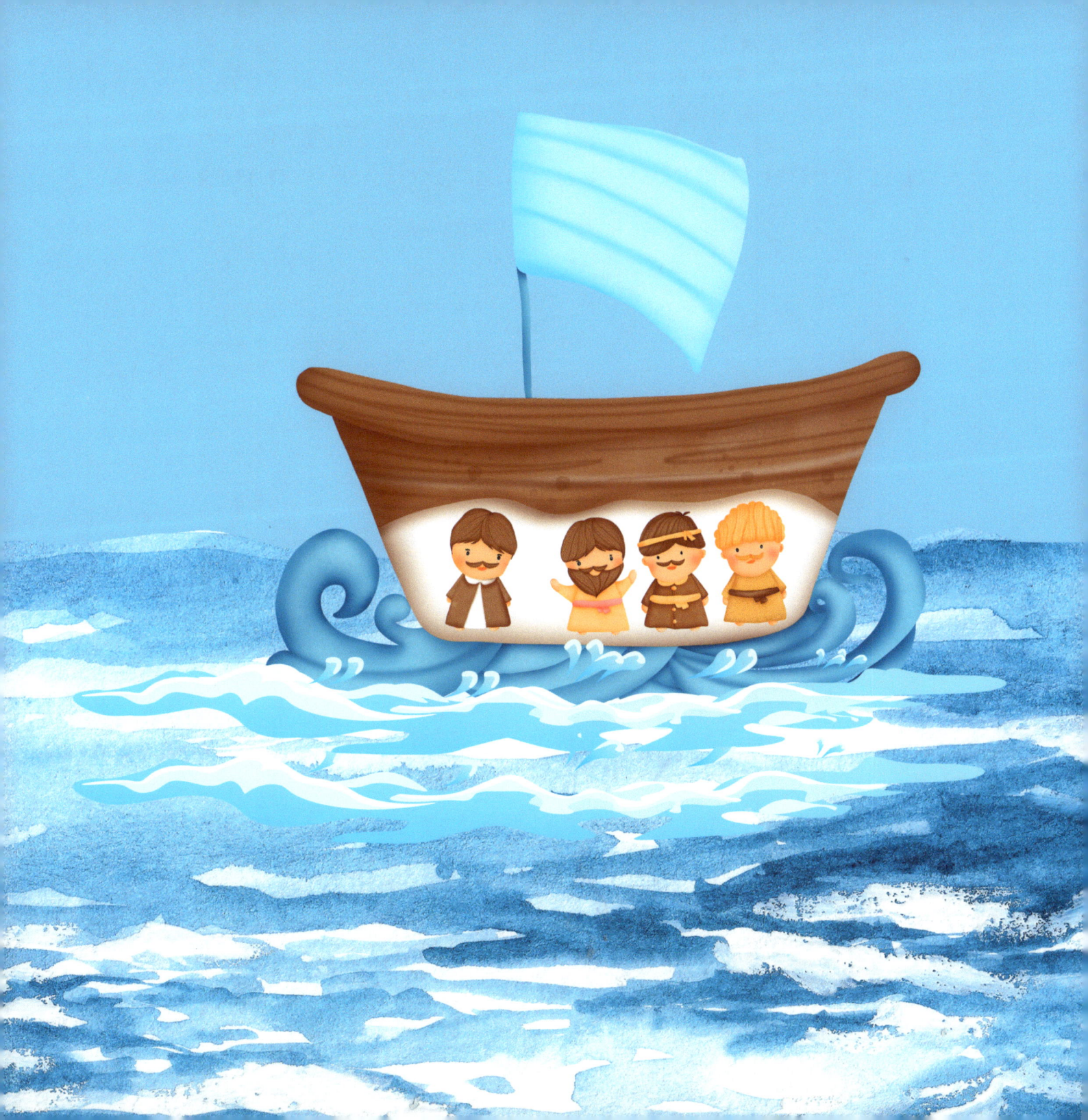

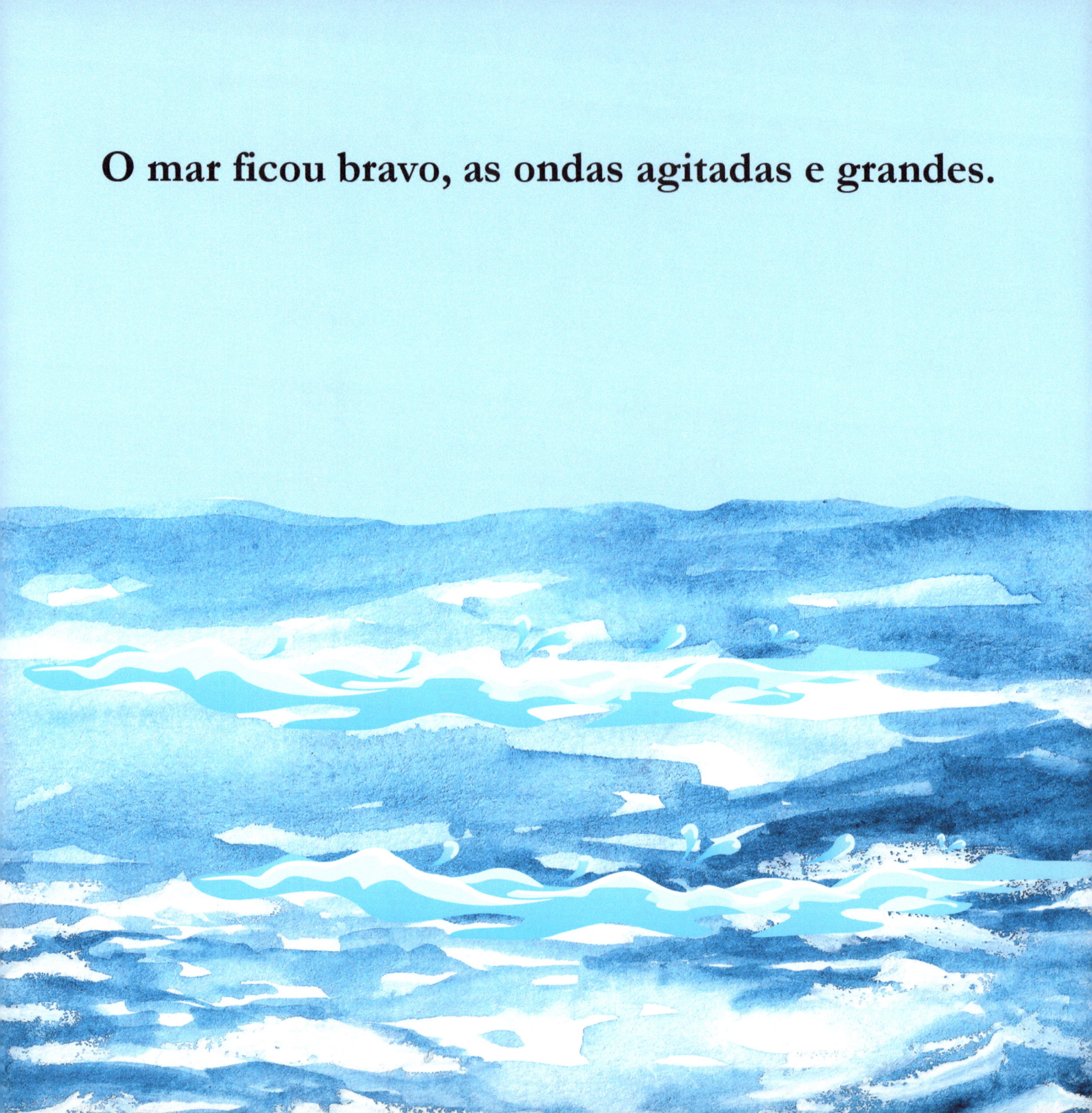

O mar ficou bravo, as ondas agitadas e grandes.

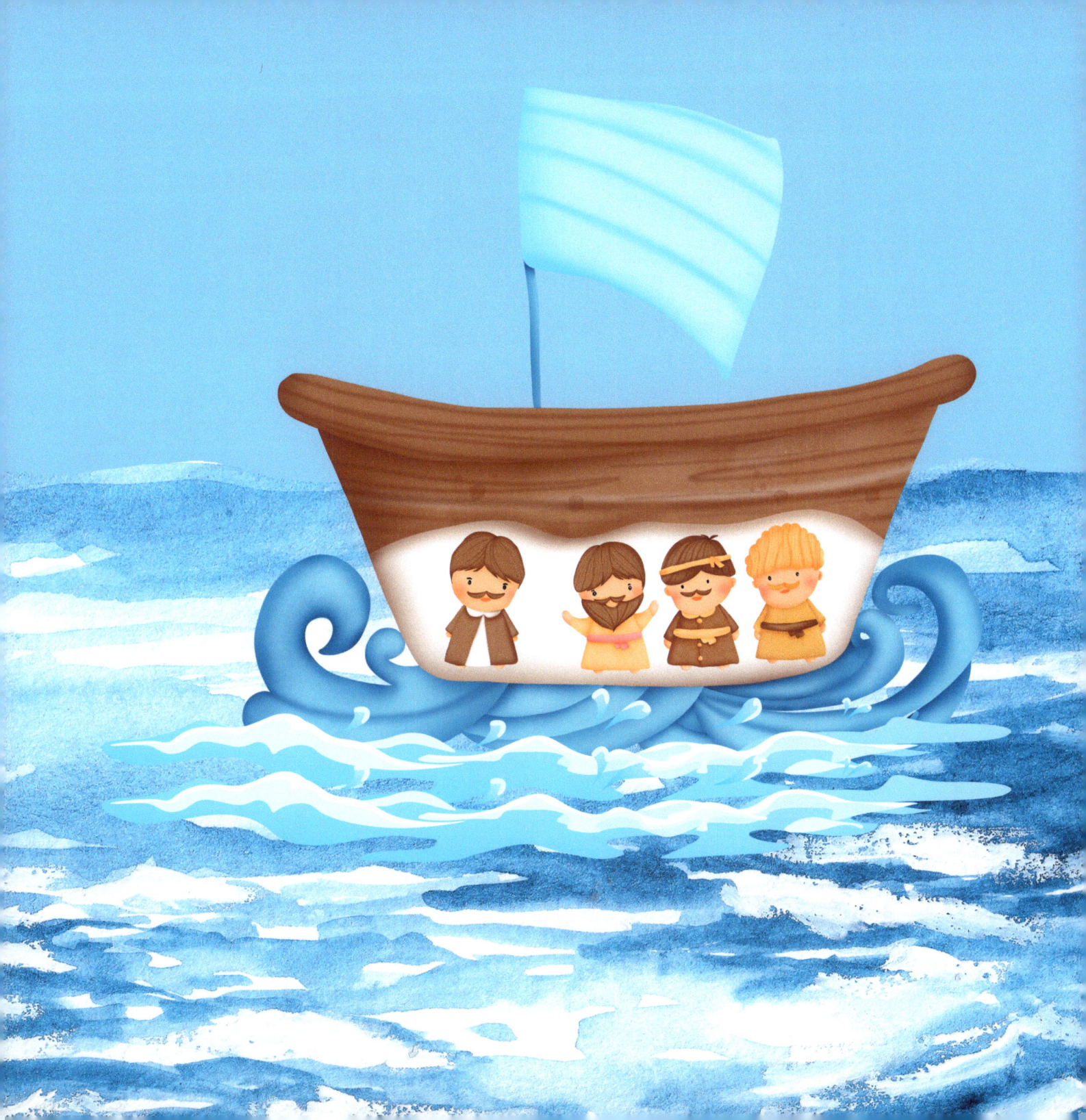

E o marinheiro, o povo começaram a implorar.
"Quem trouxe essa grande tempestade aqui?"

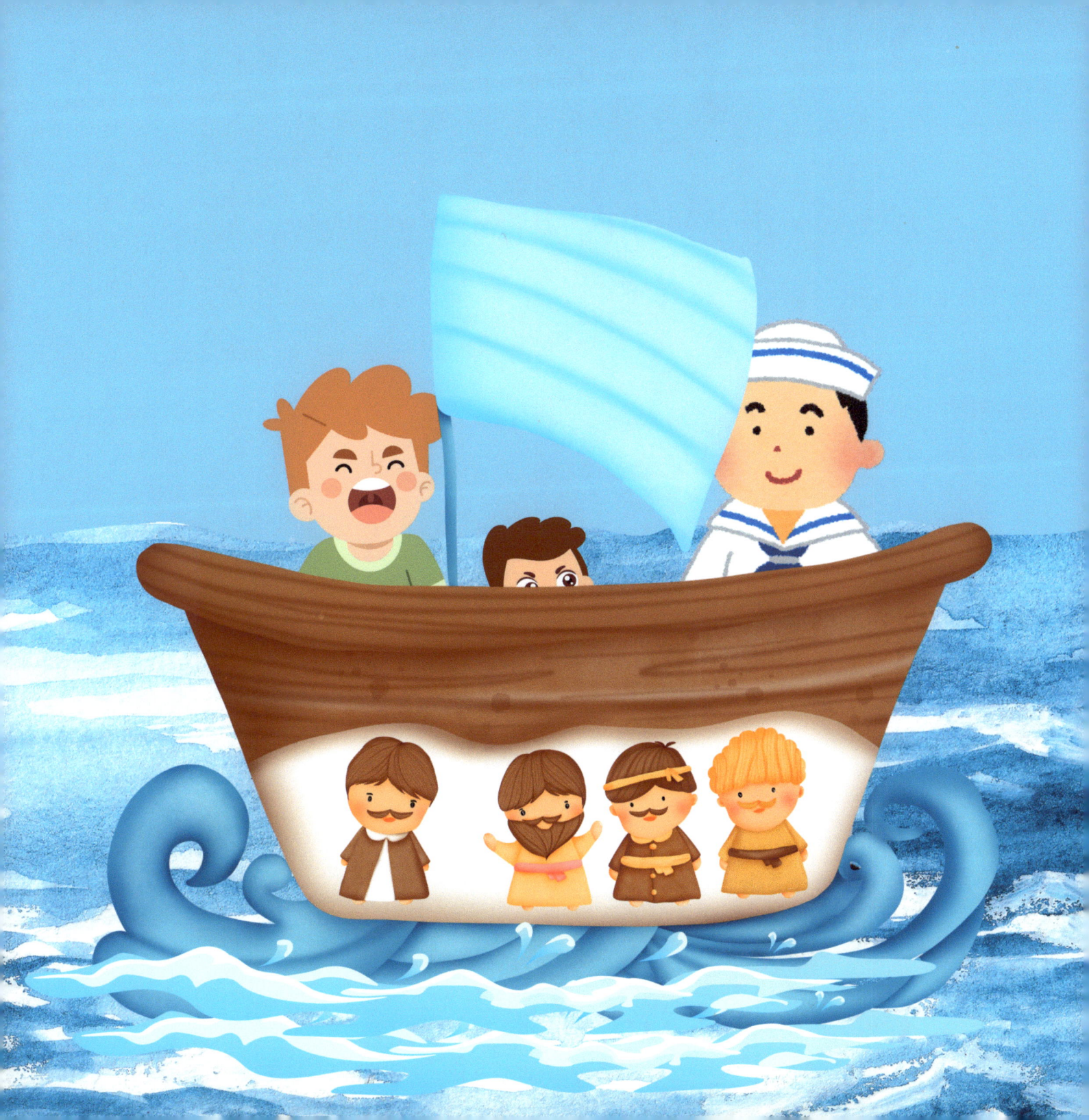

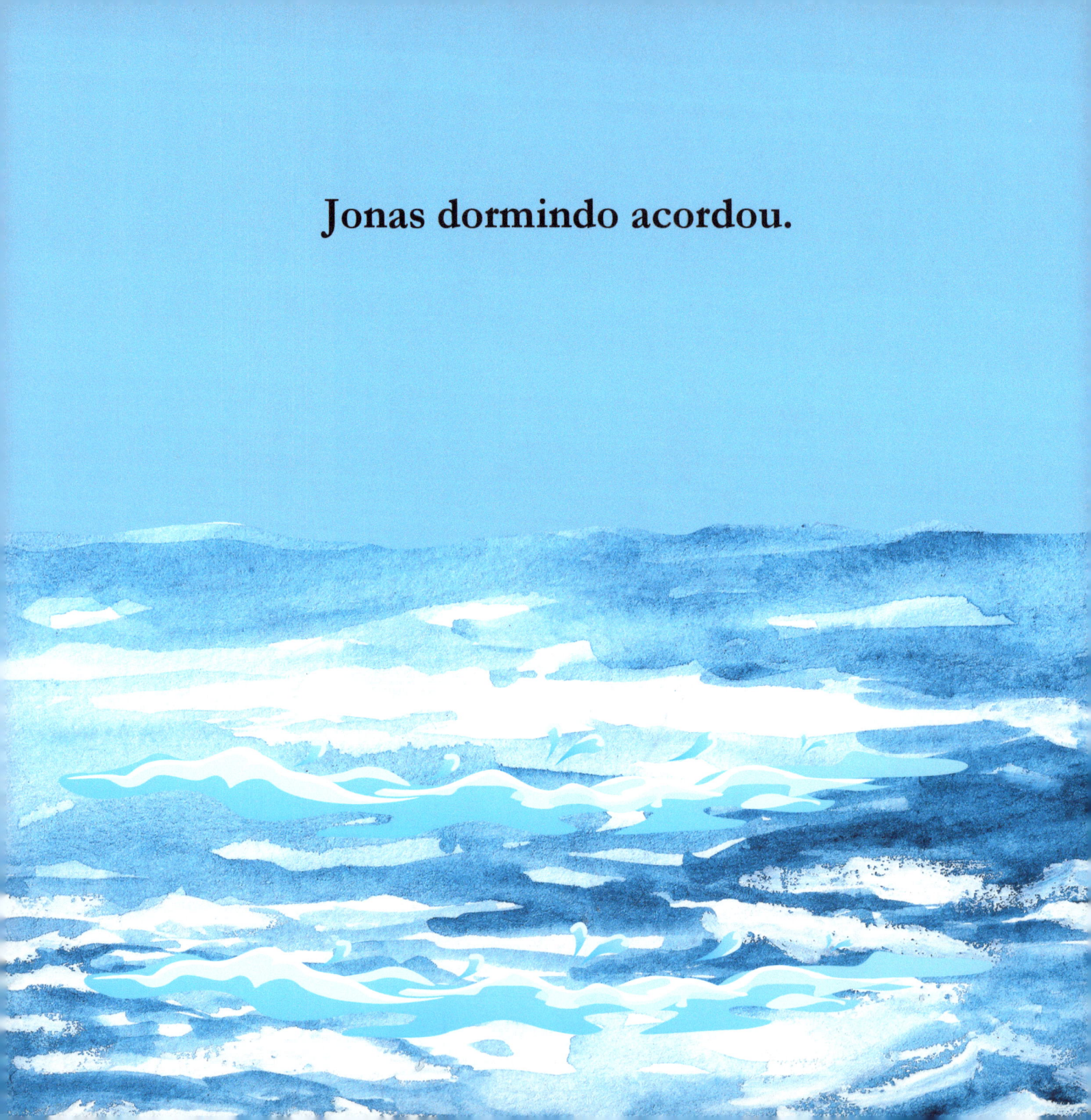
Jonas dormindo acordou.

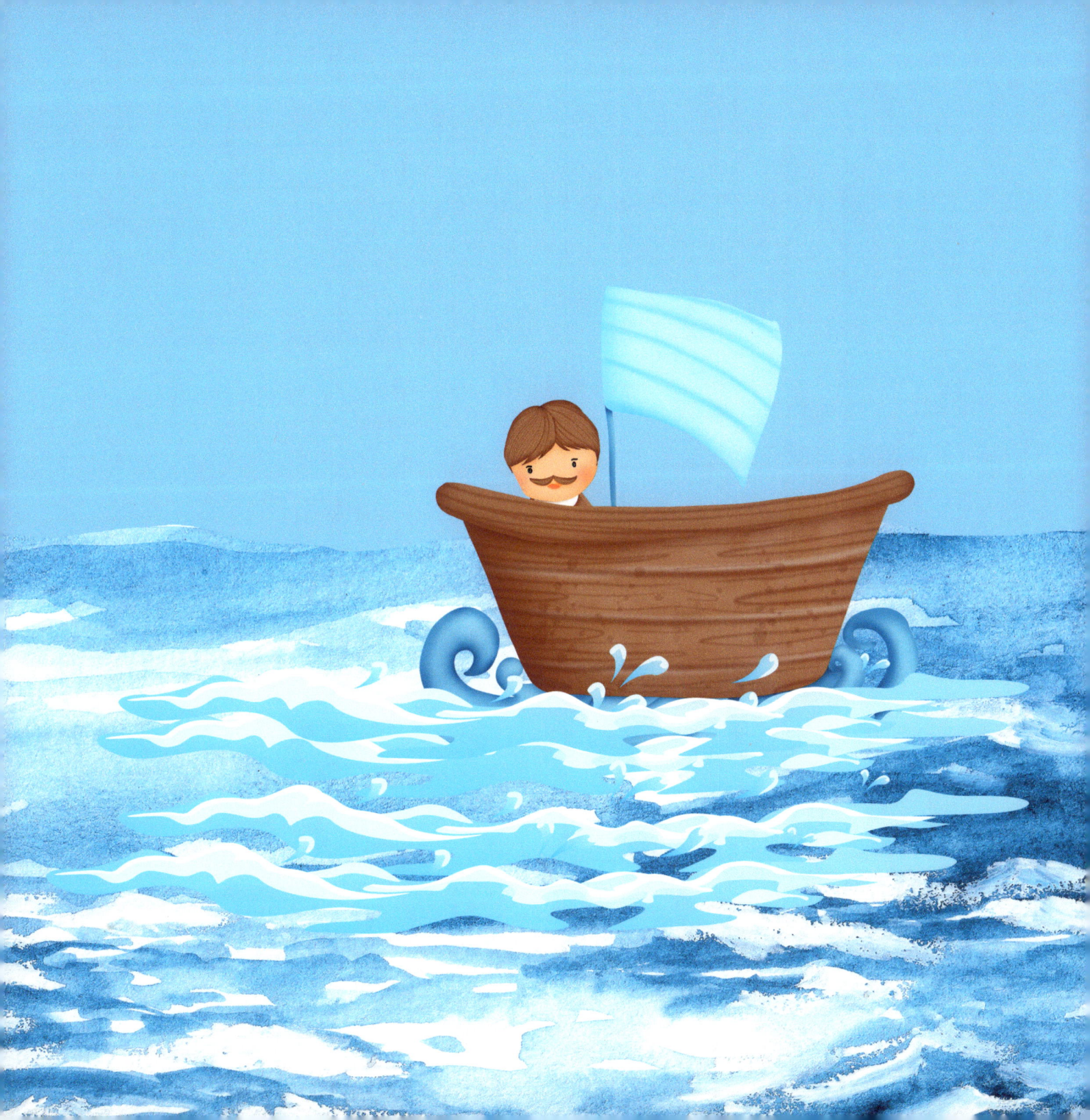

Com o povo gritando de medo ficou.

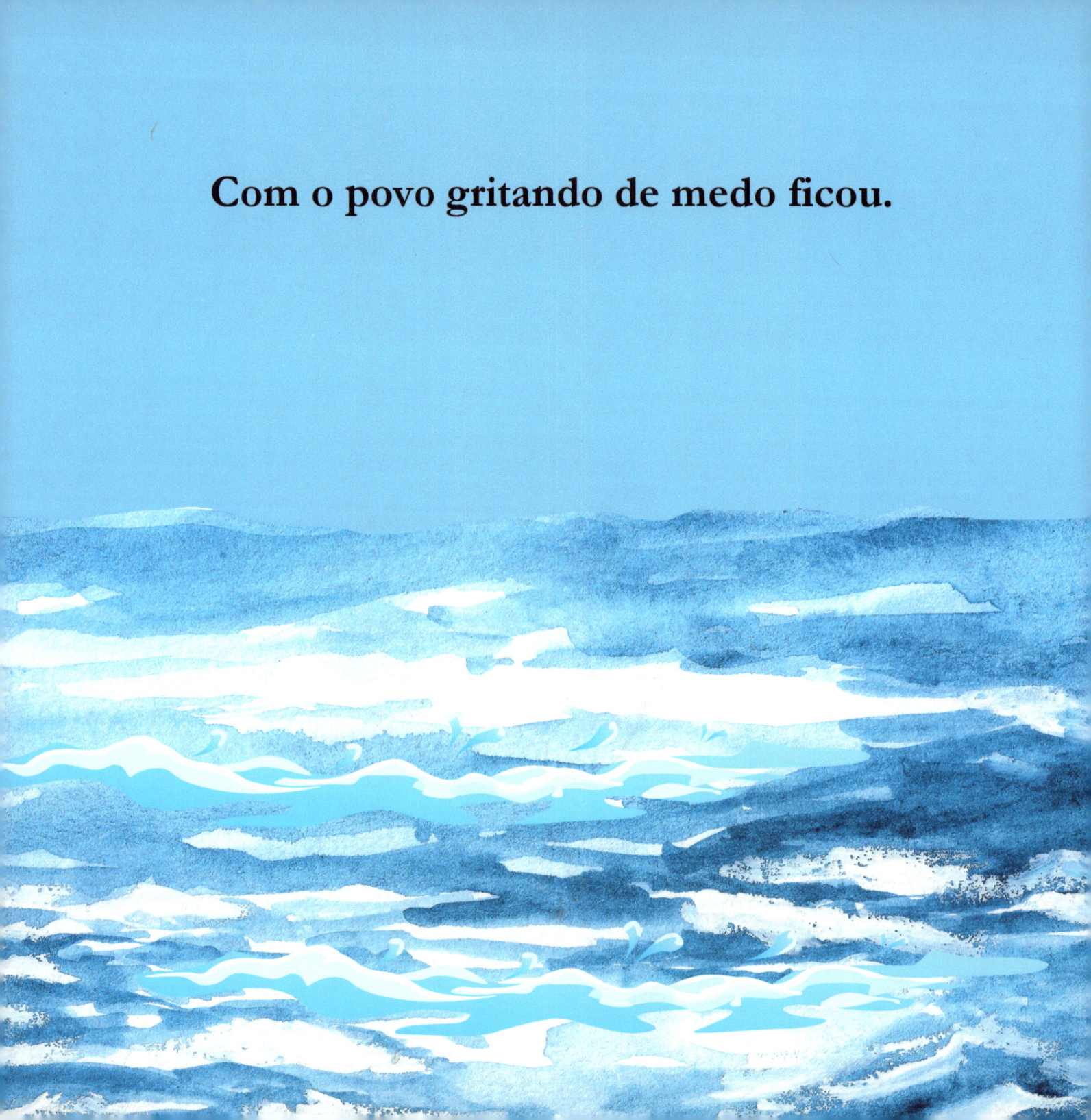

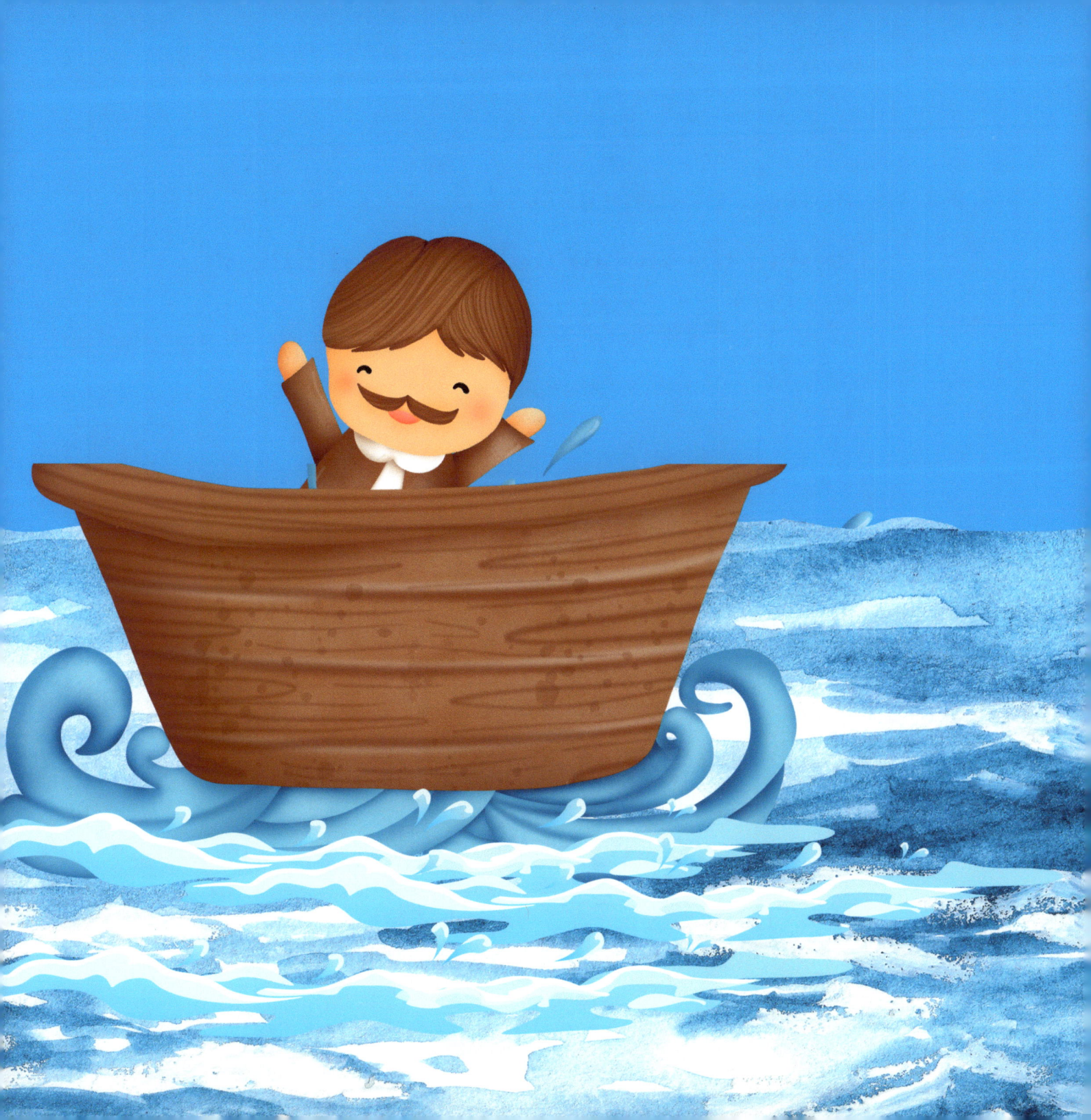

Jonas, tremendo, disse: "Sou eu, é por mim!"
Lançaram-no ao mar em gesto de dor.

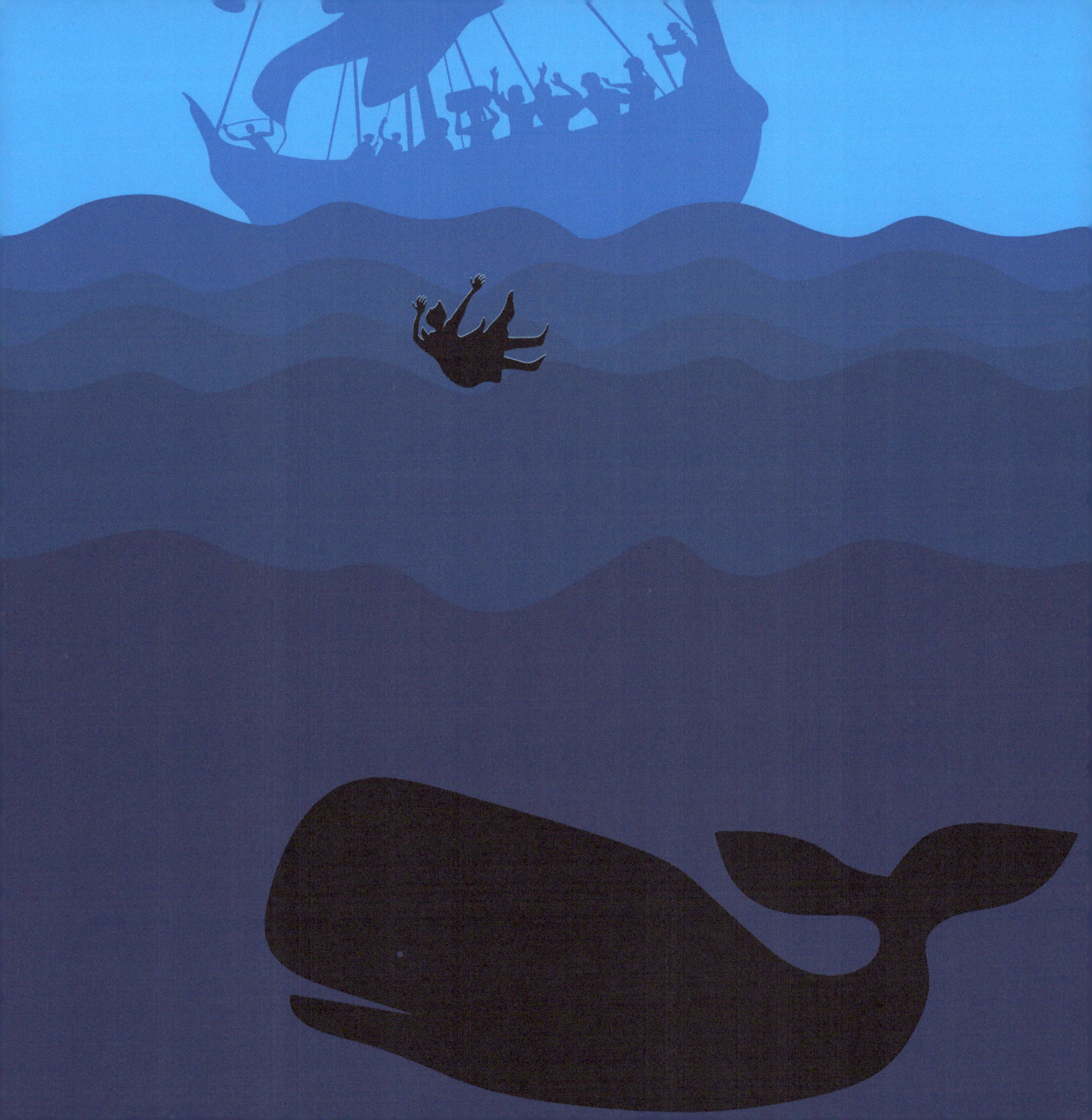

E logo a calmaria trouxe à tona o amor.
Mas um grande peixe, com seu jeito gentil.
Engoliu Jonas, sem querer causar mal algum.

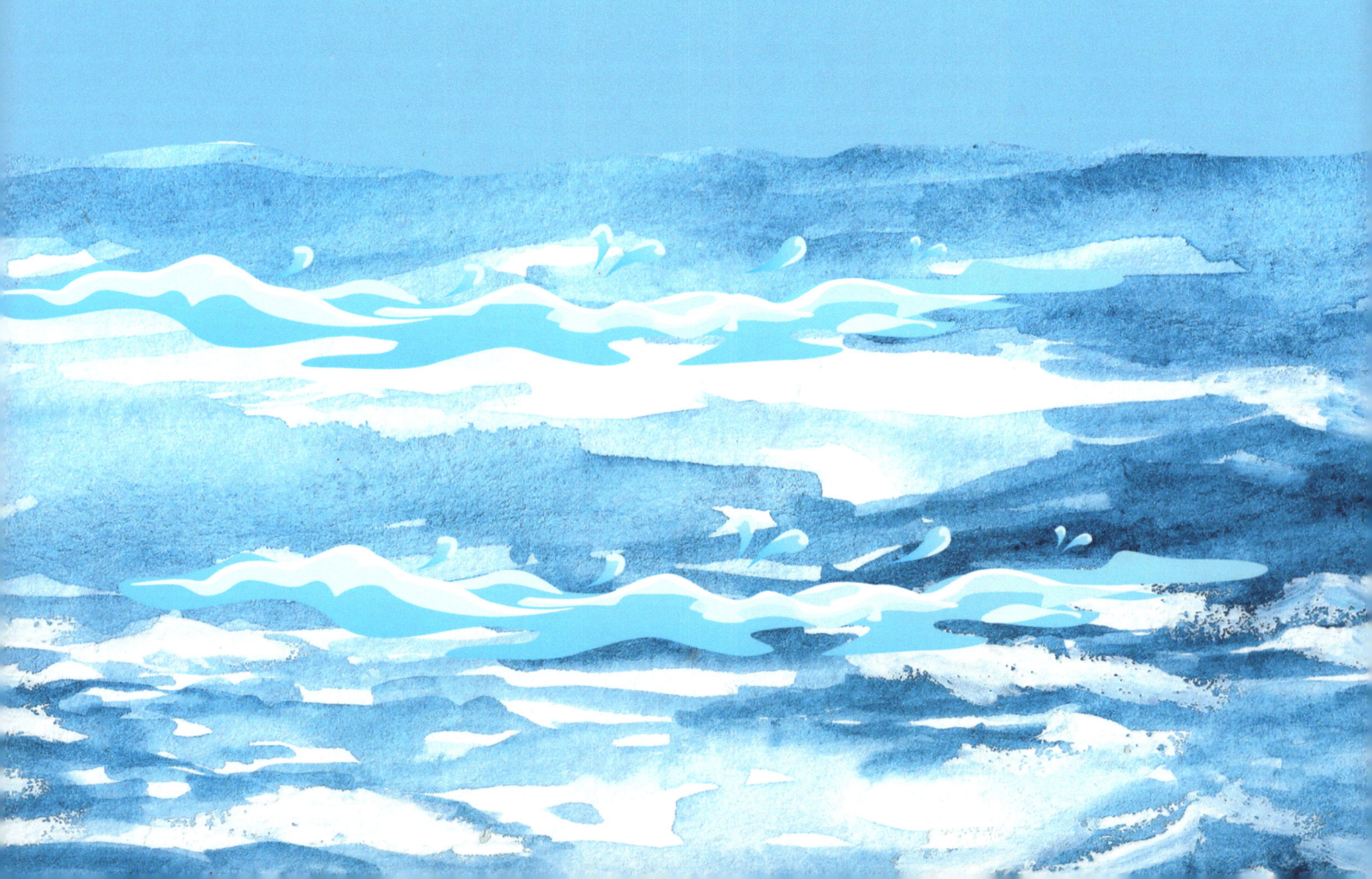

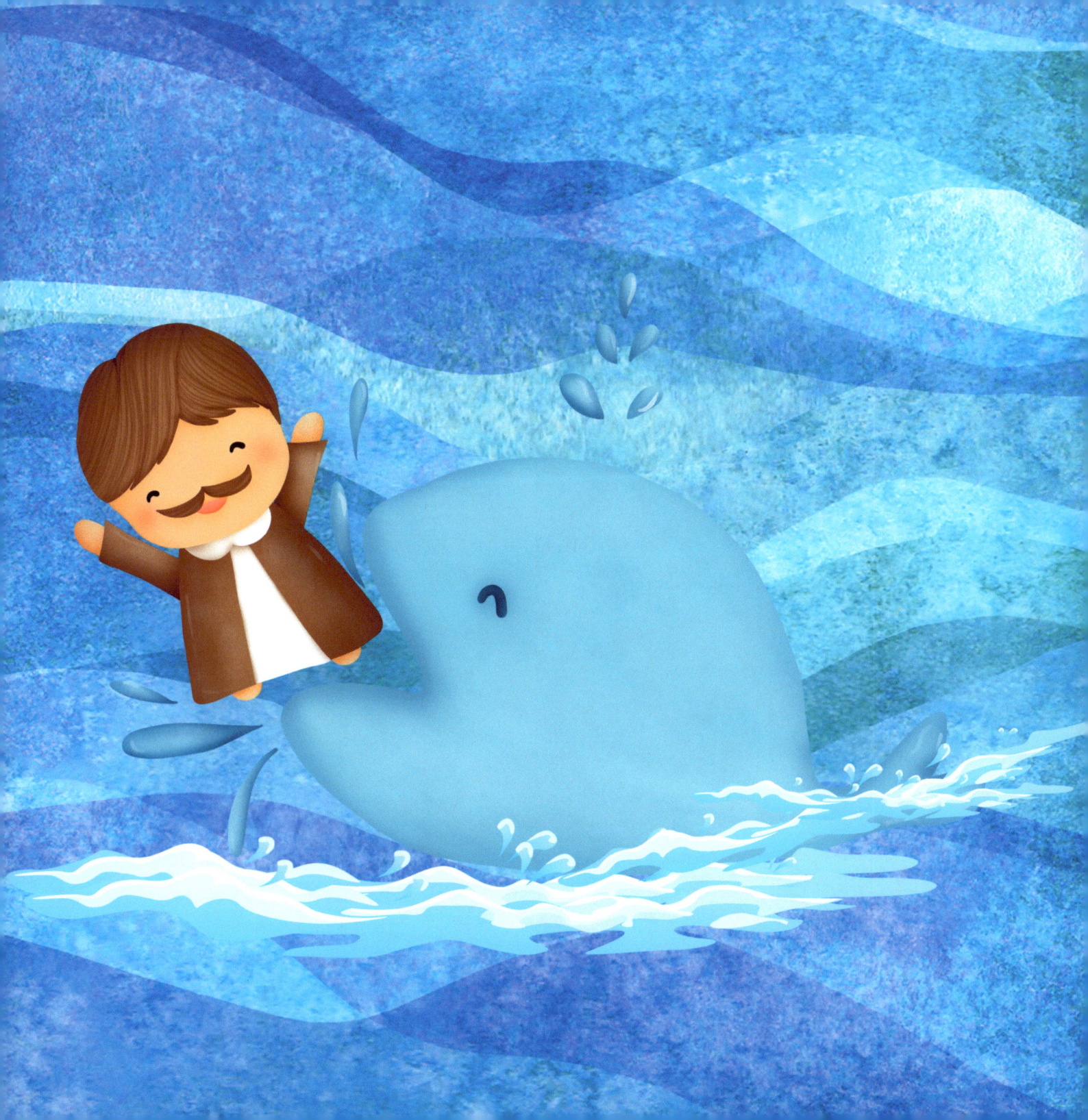

Dentro do ventre, ficou a pensar.
"Senhor, agora sei, não posso escapar!"
Três dias e três noites, ele orou na escuridão.
Aprendendo sobre amor e compaixão.
Finalmente Deus, com um sopro poderoso.

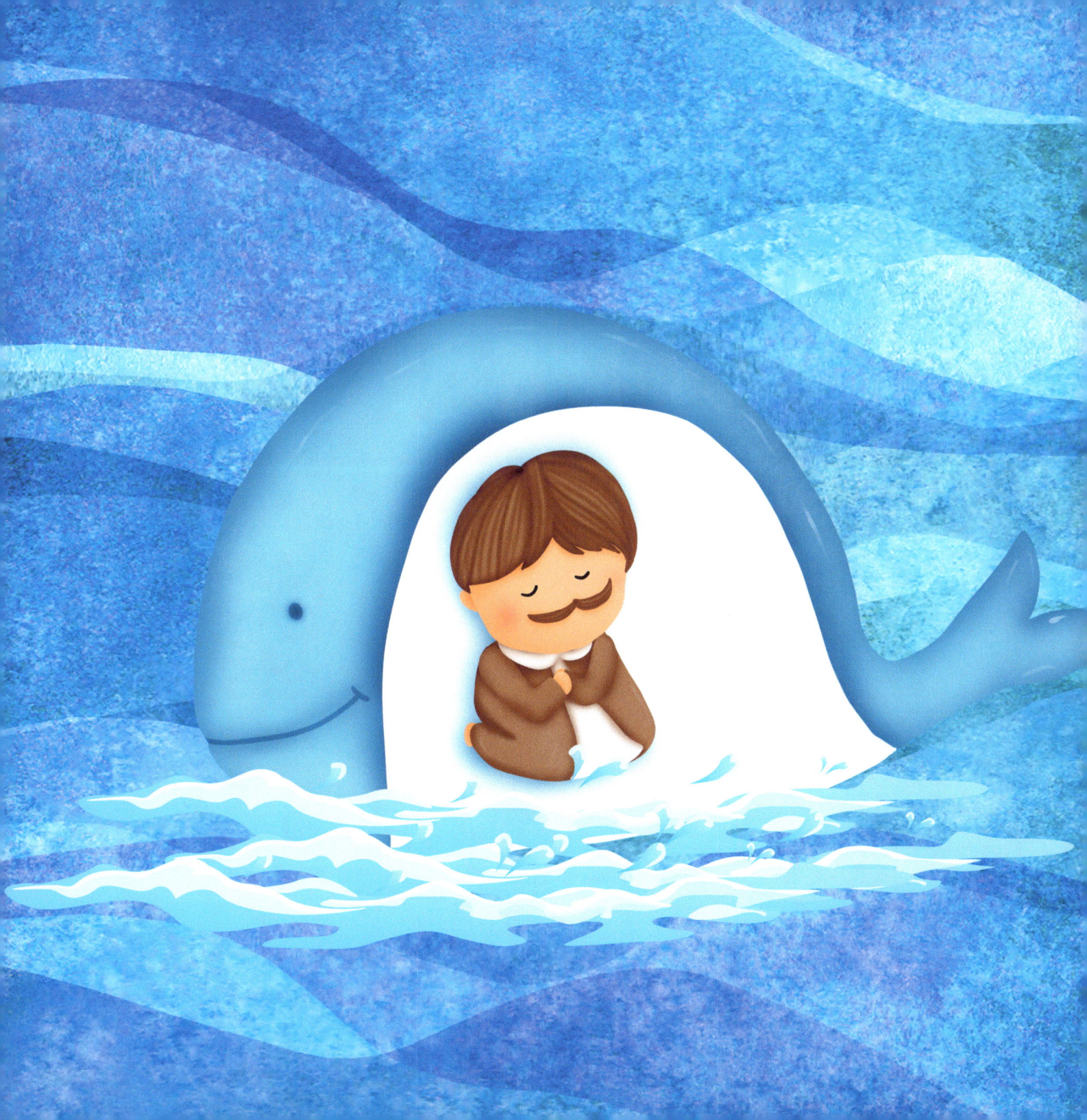

**Fez o peixe vomitar de modo fabuloso.
Jonas, aliviado, seguiu sua missão.**

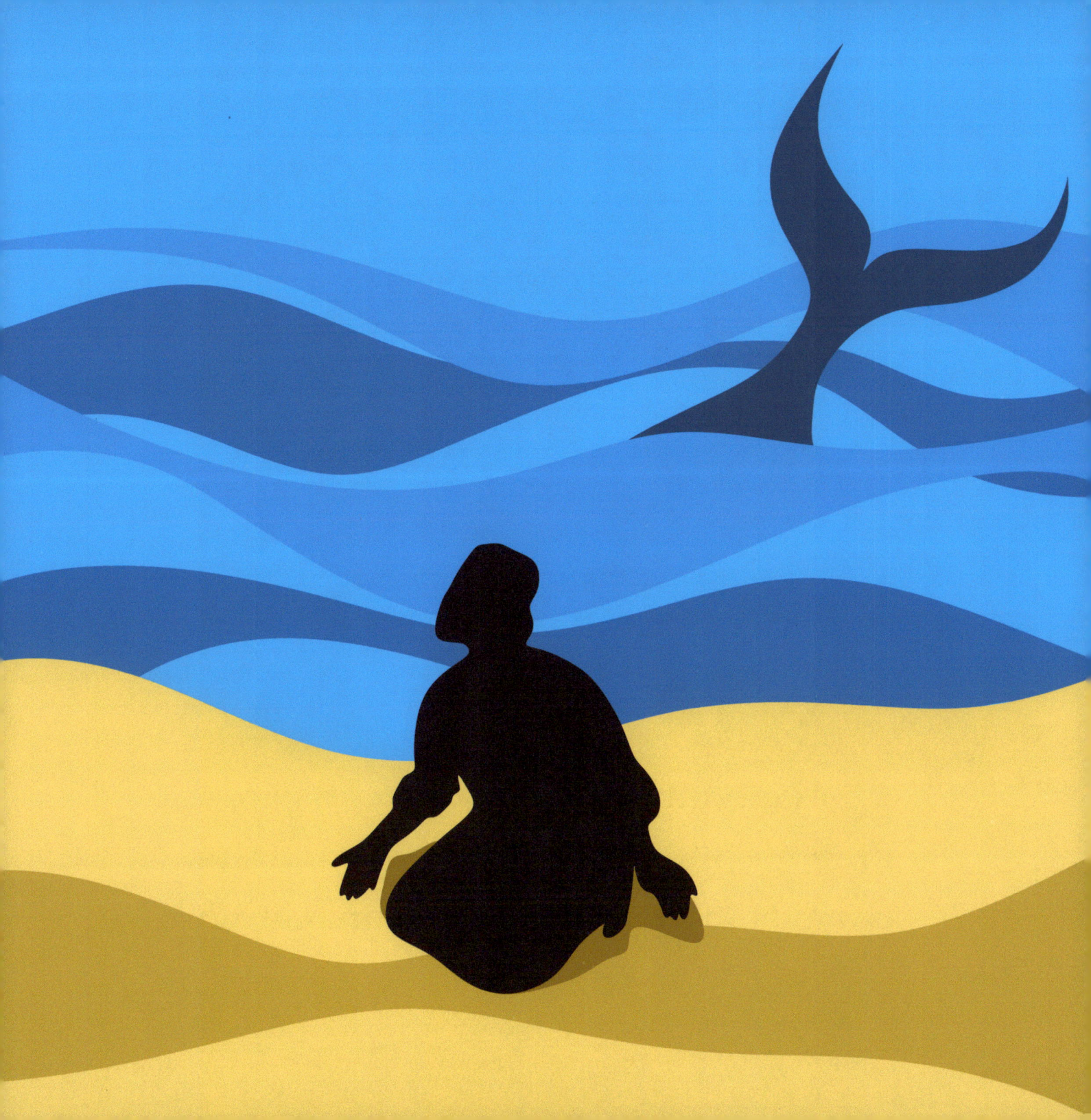

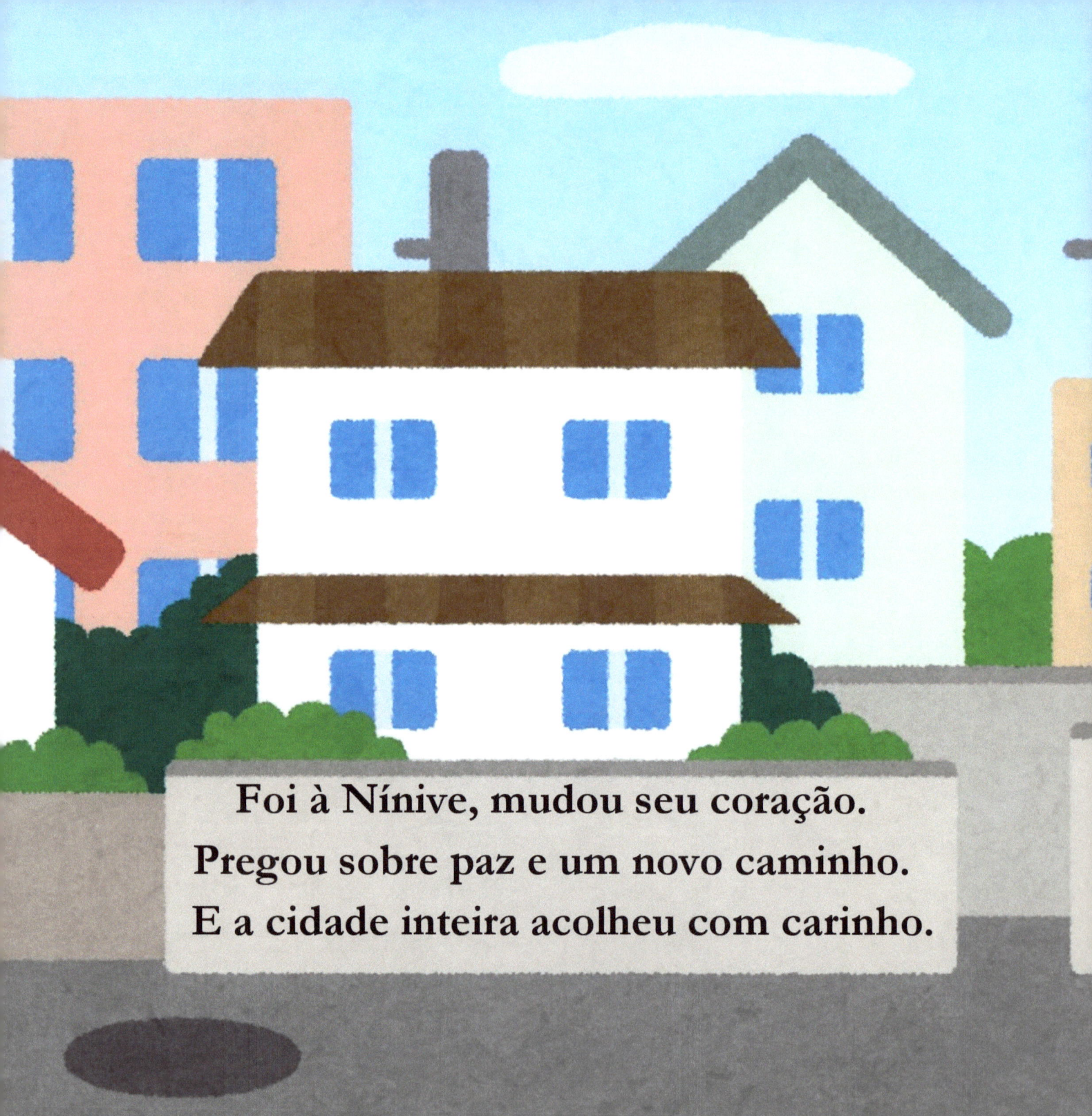

Foi à Nínive, mudou seu coração.
Pregou sobre paz e um novo caminho.
E a cidade inteira acolheu com carinho.

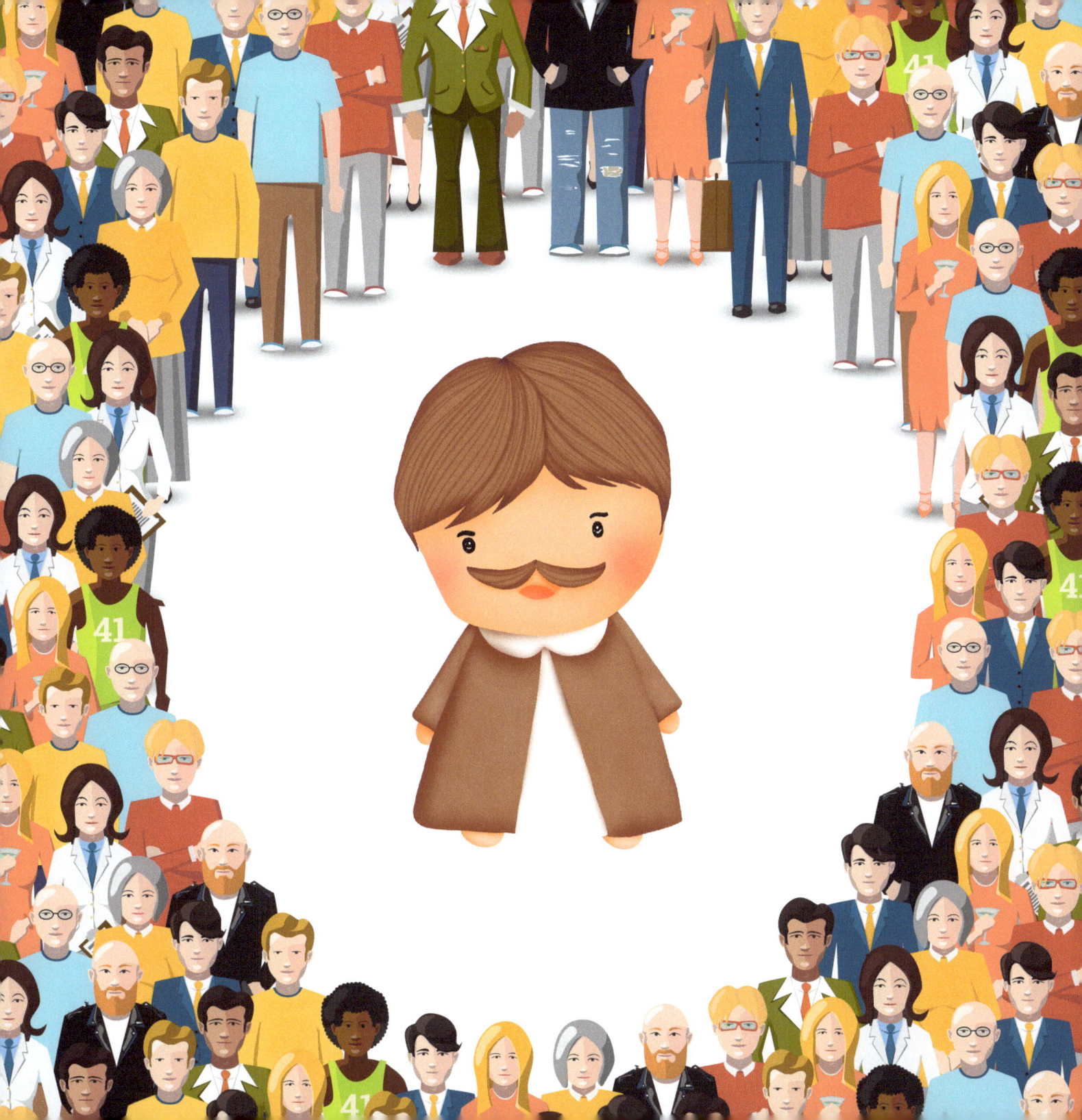

Assim, Jonas aprendeu a lição.
Obedecer é a solução.

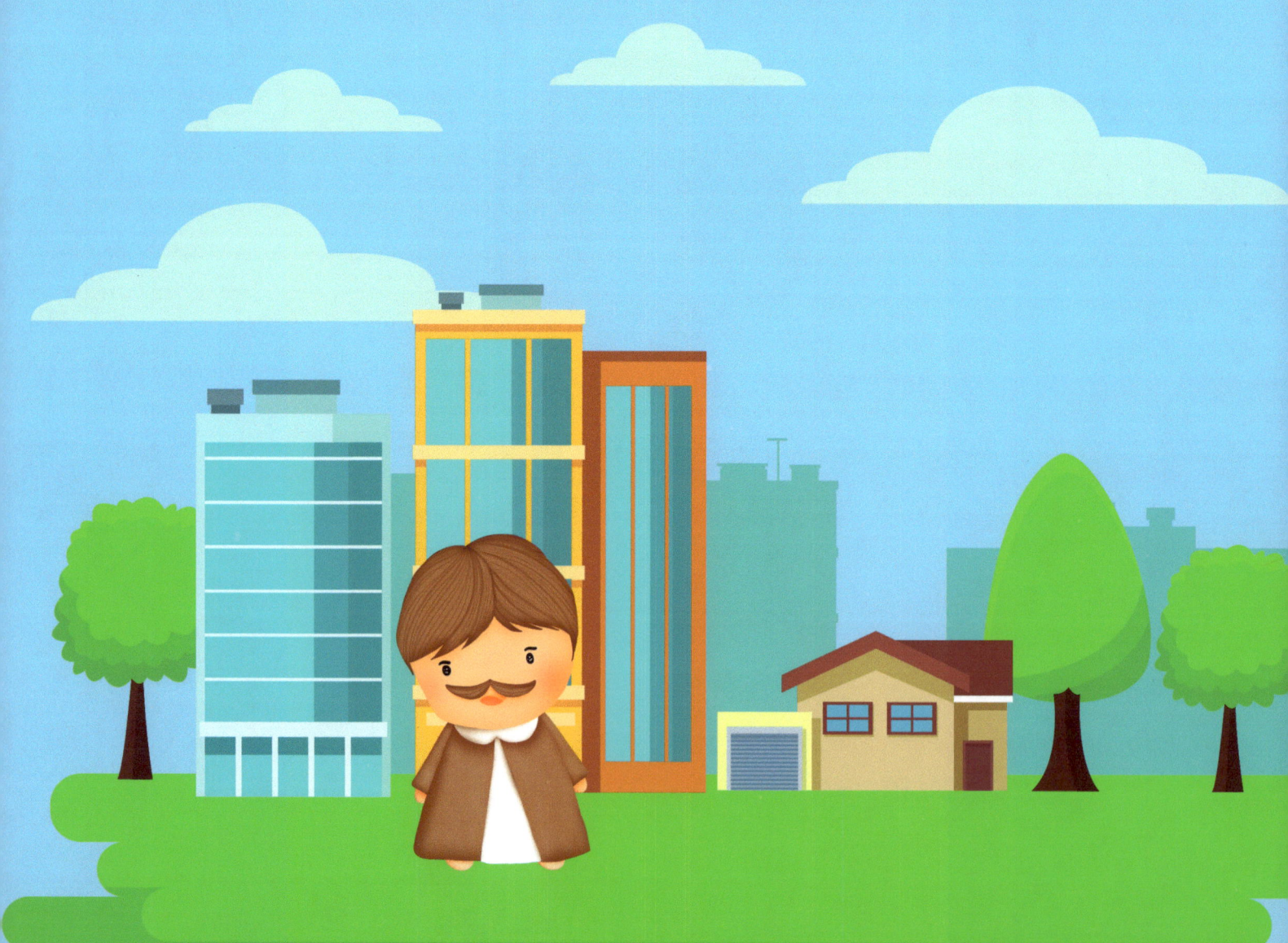

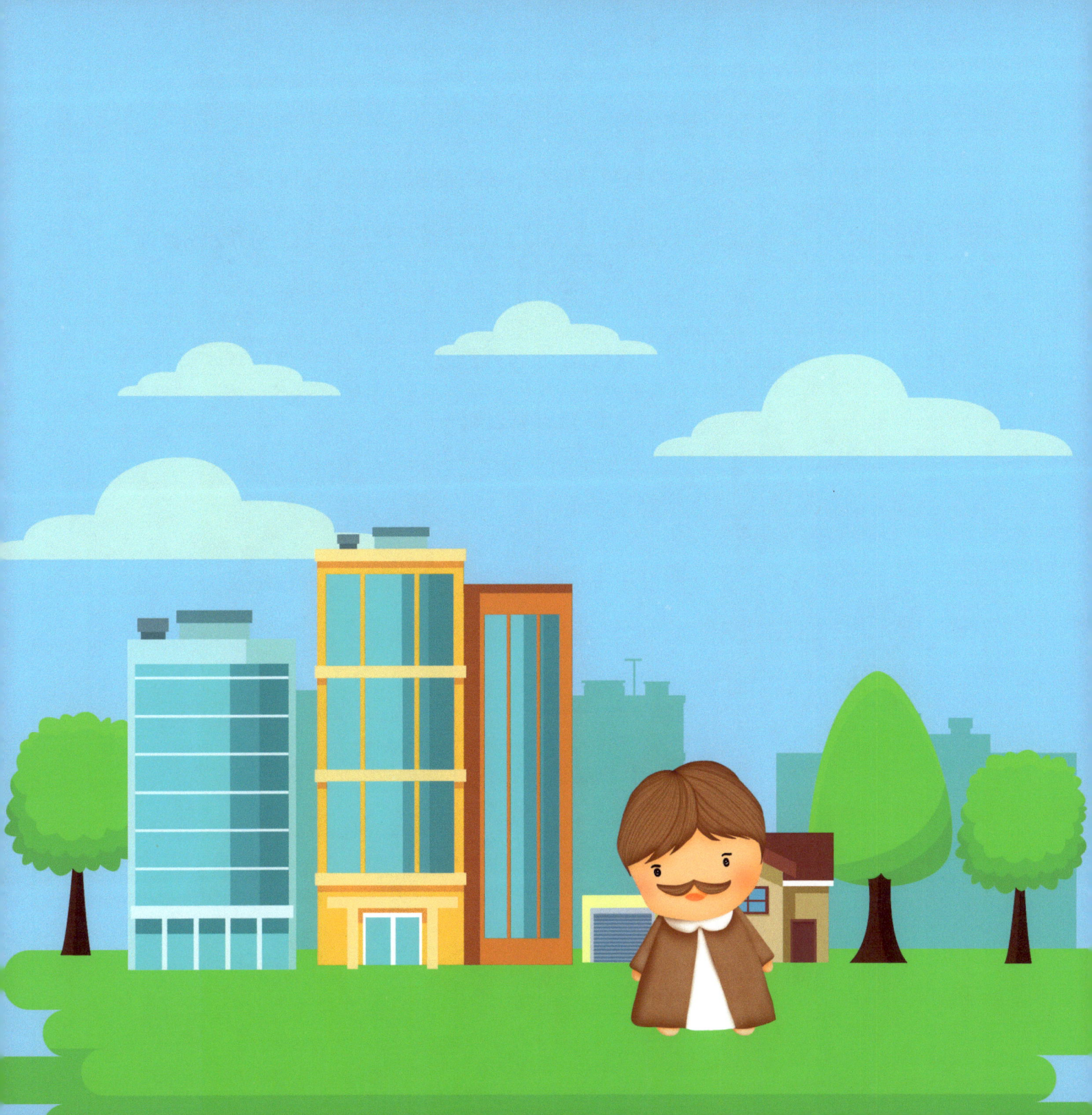

Que mesmo fugindo, se escuta a razão.
E se a vida é um mar, mantenha fé em seu andar.
Por mais que os ventos soprem, é o amor que vai triunfar!

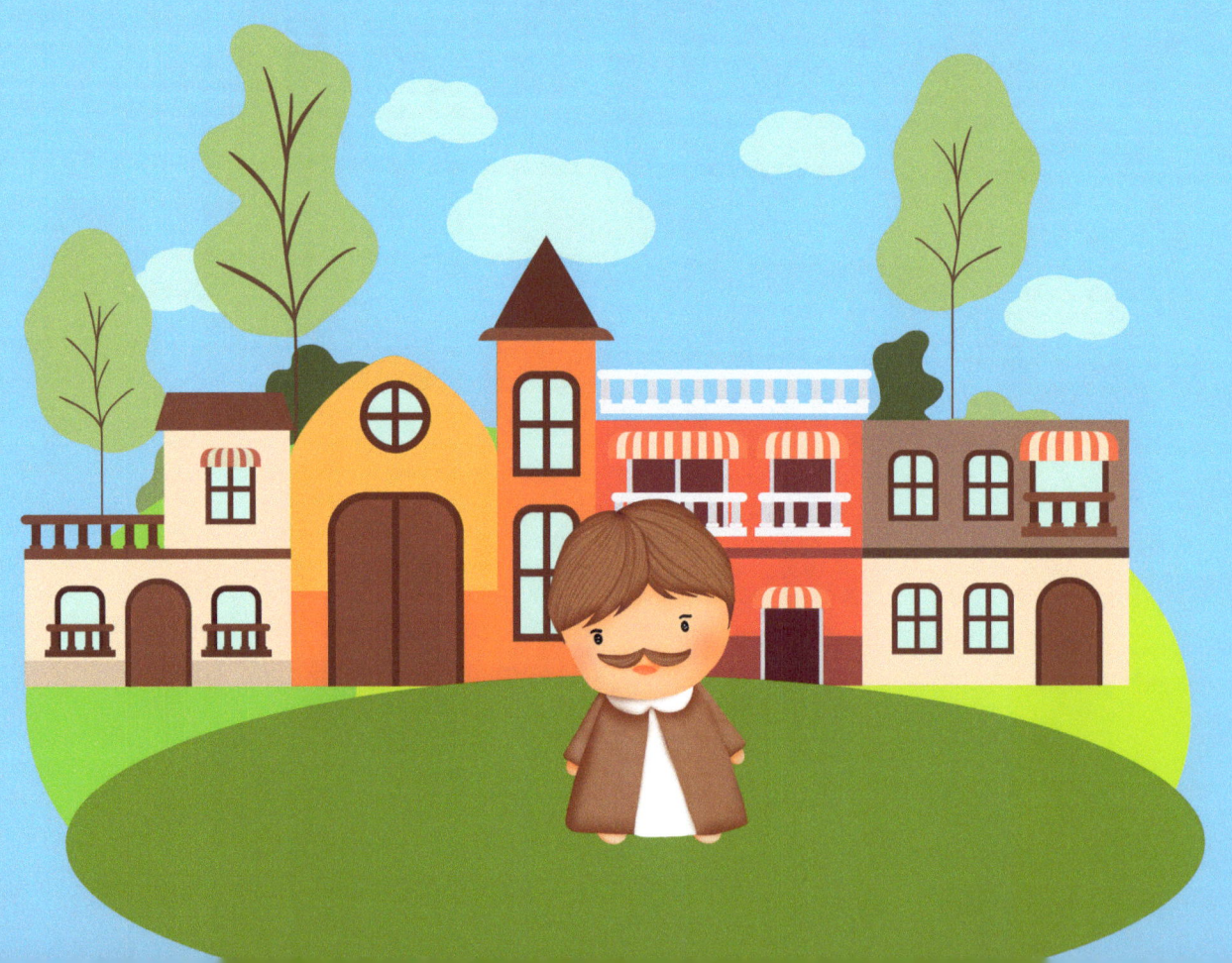

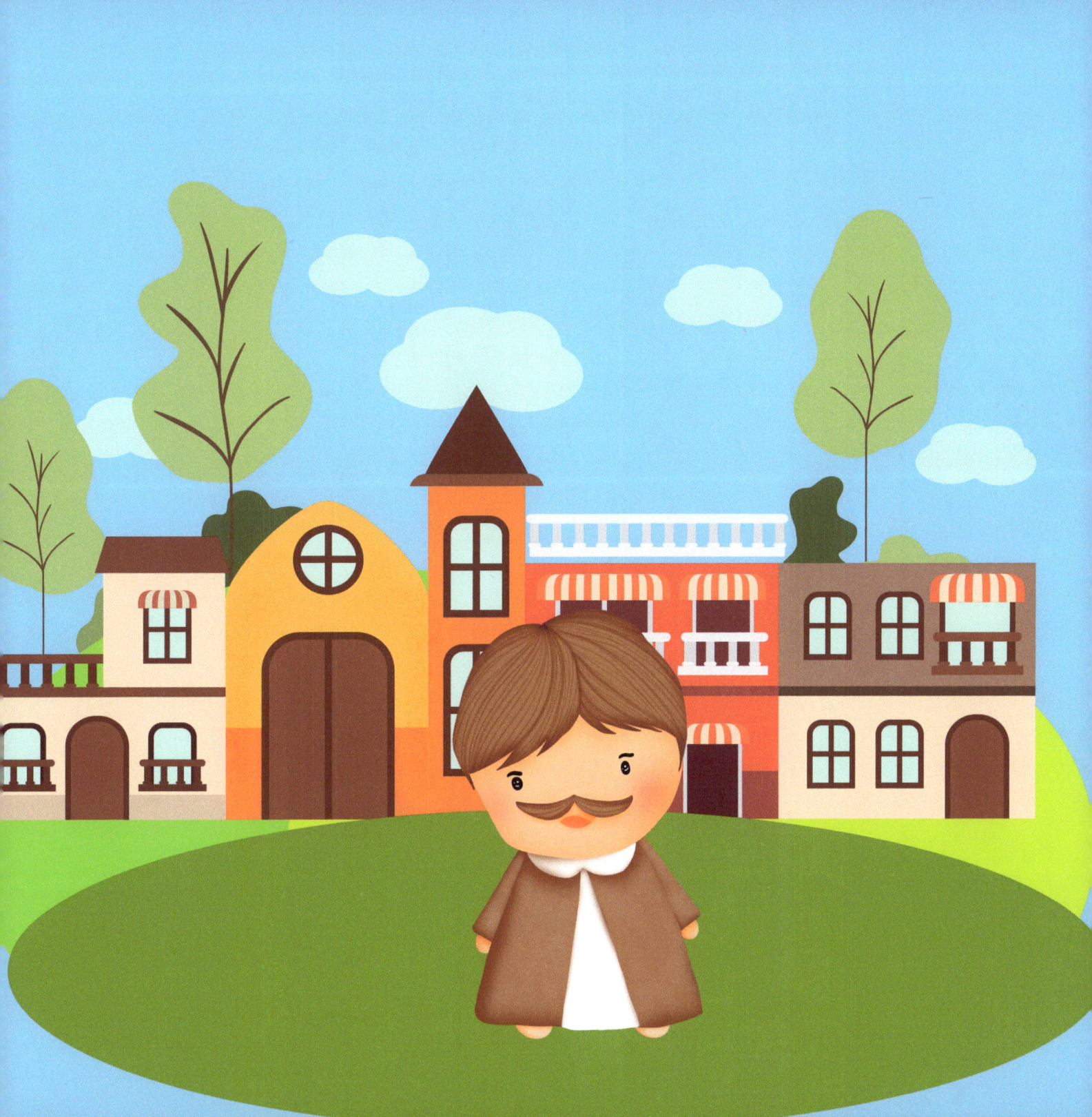

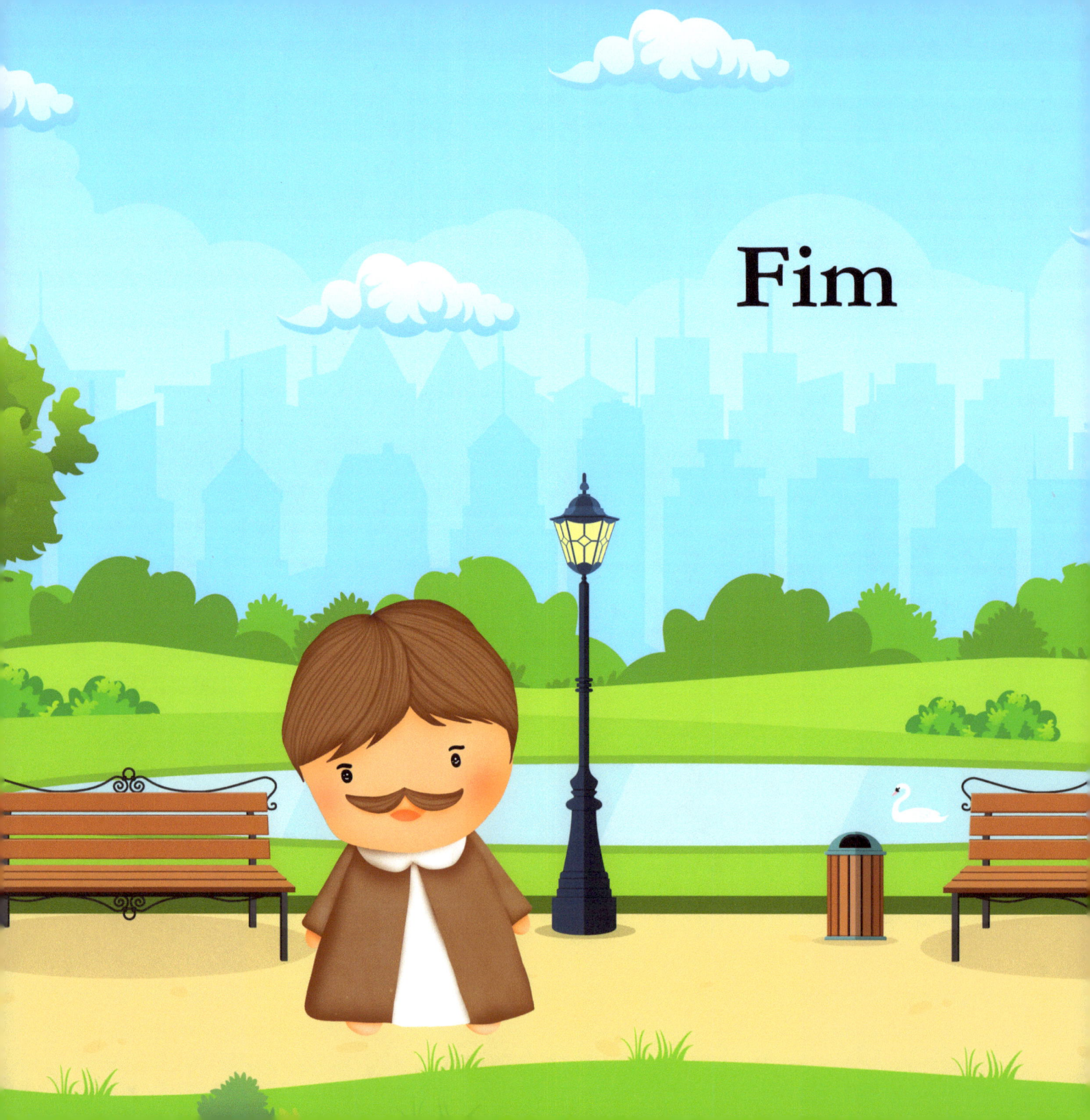

www.ingramcontent.com/pod-product-compliance
Lightning Source LLC
Chambersburg PA
CBHW040453220526
45473CB00004B/1625